LES NOUVELLES ÉCOLES

DE

DROIT PÉNAL

CONFÉRENCE

FAITE A L'INSTITUT POPULAIRE DU Vᵉ ARRONDISSEMENT

LE 7 MAI 1901

PAR

R. SALEILLES

PROFESSEUR A LA FACULTÉ DE DROIT DE L'UNIVERSITÉ DE PARIS

PARIS

LIBRAIRIE NOUVELLE DE DROIT ET DE JURISPRUDENCE

ARTHUR ROUSSEAU, ÉDITEUR

14, RUE SOUFFLOT ET RUE TOULLIER, 13

1901

LES NOUVELLES ÉCOLES

DE

DROIT PÉNAL

LES NOUVELLES ÉCOLES

DE

DROIT PÉNAL

CONFÉRENCE

FAITE A L'INSTITUT POPULAIRE DU Ve ARRONDISSEMENT

LE 7 MAI 1901

PAR

R. SALEILLES

PROFESSEUR A LA FACULTÉ DE DROIT DE L'UNIVERSITÉ DE PARIS

PARIS

LIBRAIRIE NOUVELLE DE DROIT ET DE JURISPRUDENCE

ARTHUR ROUSSEAU, ÉDITEUR

14, RUE SOUFFLOT ET RUE TOULLIER, 13

1901

LES NOUVELLES ÉCOLES

DE

DROIT PÉNAL

Messieurs,

Je ne suis pas un conférencier. Je ne suis, et ne serai jamais, sans doute, qu'un professeur, disant très simplement ce qu'il sait et faisant de son mieux pour l'enseigner aux autres.

Ce que je suis avec mes étudiants, vous me permettrez de l'être avec vous, qui me faites l'honneur d'être mes étudiants d'un jour, mes étudiants d'une heure à peine.

Je vous dirai donc ce que je sais, sans autre but que de vous ouvrir quelques horizons, sans autre intention, ou arrière-pensée, que de vous présenter quelques idées sur lesquelles vous puissiez méditer et réfléchir.

Et je ne sais pas, d'ailleurs, s'il est une question plus vivante, plus actuelle et plus troublante, que celle que je me propose de traiter ce soir devant vous : l'étude des théories pénales, au point de vue des écoles nouvelles de criminologie.

Il y a peut-être des problèmes sociaux où la passion du moment se trouve plus vivement engagée ; ce sont ceux qui correspondent à des intérêts matériels en voie de

revendication et qui touchent à ce que l'on appelle hélas !
les luttes de classe.

Mais, de tous ces problèmes, il n'y en a pas un qui
remue plus profondément la fibre humaine, qui touche à
plus de questions, et à de plus élevées, que celui qui met
aux prises l'individu coupable et la justice sociale.

De quel droit la justice humaine va-t-elle infliger une
peine ; non seulement se défendre et frapper l'ennemi qui
s'en prend à la société et à la collectivité, mais le punir,
c'est-à-dire le punir, dans le seul but de le faire souffrir, et
de lui infliger un mal gratuit ? Voilà déjà une question
terriblement profonde et grave ; mais enfin, si grave qu'elle
soit, ce n'est encore qu'une question théorique. Et les
questions théoriques ne nous passionnent plus guère aujourd'hui ; nous ne nous intéressons qu'aux réalités de la
vie.

Eh bien, descendons dans la réalité : terrible réalité que
celle qui vous heurte chaque jour, que nous coudoyons,
vous et moi, à tout instant !

Cette réalité, prenons-la d'abord du point de vue de
ceux que la justice va frapper et punir.

C'est un jeune homme, entraîné par la passion dont il
est la première victime, et dont les besoins sont inassou-
vis. Il se livre d'abord au jeu, du jeu il glisse dans la dé-
bauche ; il commet des indélicatesses ; il lui arrive de
voler. Cela se voit hélas ! tous les jours, et dans tous les
mondes.

Est-il au fond extrèmement coupable ? je n'en sais rien ;
et il est probable que je n'ai aucun moyen de le savoir au
juste.

Mais, ce malheureux, la société va le poursuivre, le
flétrir et le condamner. Elle le flétrit d'abord ; et remar-
quez que ce qui le flétrit avant tout c'est moins le juge-

ment qui le condamne que l'opinion qui l'accuse. Après l'avoir flétri, la société l'enferme dans la promiscuité de ses prisons. De ce qu'il a commis un vol, un premier vol, s'ensuit-il que ce malheureux soit un corrompu, un être qui ait perdu toute moralité ? Rien n'est moins sûr, et même rien n'est moins probable. Mais ce qui est certain, c'est que le jour où il aura passé par la prison, à supposer qu'il ne fût qu'à demi entamé lorsqu'il y était entré, il en sortira perdu à jamais. La société, après l'avoir frappé, le traitera en déchu ; et pour les déchus, il n'y a qu'un monde à leur portée, le monde des déclassés, et qu'un moyen de vivre, le vice et les procédés interlopes.

Voilà qui est déjà profondément triste, lorsque nous considérons la question du point de vue individuel, pour un individu, pour celui qui va être victime, et de son délit d'abord, et surtout, ensuite, de nos tristes procédés pénitentiaires.

Mais que serait-ce, grand Dieu ! si nous prenions la question à un point de vue général et collectif ?

Cet individu que je viens de vous décrire, il est légion, dans nos sociétés démoralisées et déséquilibrées, où le vice, la neurasthénie et les névroses s'accroissent avec le surmenage et l'hérédité, l'armée de ces malheureux, de ces déchus et de ces déclassés, elle augmente d'année en année.

Le malheureux que je vous décrivais tout à l'heure, qui était peut-être encore un demi-honnête homme lorsqu'il a volé, et qui n'a plus rien d'un honnête homme lorsqu'il a passé par la prison, ce malheureux a sa voie toute tracée ; il deviendra un récidiviste. Et aujourd'hui être récidiviste, c'est un métier ; je ne dis pas certes un métier honnête, mais enfin un métier qui a ses risques et ses profits.

Les profits, ce sont les bonnes prises que l'on fait ; c'est

aussi la sensation troublante du danger et de la lutte, sensation, dit-on, qui a son charme. On joue une bonne farce
aux bourgeois et à la police. Il paraît que tout cela est en-
traînant et captivant.

Les risques, c'est la prison, qui n'effraie plus guère
depuis qu'on l'a une fois connue et qu'on y a pris ses habitudes ; puis, c'est, pour finir, le voyage là-bas, aux colo-
nies, à la Nouvelle, comme on disait jadis, à la Guyane
aujourd'hui ; et c'est un peu moins réjouissant. Mais enfin
qui ne risque rien n'a rien ; et on risque !

Voilà l'armée qui nous menace. Car, après tout, il faut
bien que nous envisagions maintenant l'autre côté de la
question. Nous nous sommes apitoyés sur les voleurs ;
si nous songions un peu à leurs victimes !

Leurs victimes, ce n'est pas seulement le volé, ou l'as-
sassiné, — car enfin le voleur assassine vite, nous ne le sa-
vons que trop — ; leurs victimes, c'est la société tout en-
tière, qui ne se sent plus en sécurité, dès que la rue n'est
pas sûre, que les routes sont suspectes, et que les maisons même closes sont exposées à être dévalisées. Et que
dirais-je, si ce sont les transactions, les contrats et les
marchés, qui ne trouvent pour partenaires que des filous
ou des escrocs ? C'est toute la vie sociale qui en souffre ;
c'est la société qui se corrompt et qui se désagrège.

Voilà l'autre côté de la question ; et d'ailleurs les deux
côtés se tiennent. Car, si l'individu coupable et frappé nous
intéresse parce que la justice qui le punit risque de le
corrompre plus encore qu'il n'est corrompu, c'est la société qui va pâtir de ce résultat de la peine qu'elle inflige.
Les mauvais effets du système pénitentiaire se retour-
nent contre ceux qui frappent et qui punissent : la société
croit se défendre et croit se sauver, et elle ne fait que des
récidivistes et des parias, qui vivront en marge des honnêtes gens.

Voilà la réalité, elle est terrible. Voilà le problème, et il semble inextricable.

Voyons donc ce problème, comment on a essayé de le résoudre, dans le passé et aujourd'hui, dans l'histoire et dans le monde moderne.

Heureusement, pour ce qui est de l'histoire, nous n'avons pas à remonter aux origines les plus reculées de l'humanité ; parce qu'il s'est fait, à une époque beaucoup plus voisine de nous, une expérience renouvelée de ce qui dut se passer aux temps préhistoriques.

Lorsque, au Vᵉ et au VIᵉ siècles, ceux que nous appelons les Barbares, — c'étaient des Germains, Francs, Wisigoths, Burgundes, — envahirent la Gaule, ils nous arrivaient avec toute la saveur d'un peuple primitif, qui n'avait guère changé depuis l'époque où ses ancêtres avaient quitté les hauts plateaux de l'Asie.

Il est aujourd'hui à peu près reconnu par tout le monde que les Barbares du IIIᵉ et du Vᵉ siècles reproduisaient un exemplaire assez sûr de l'humanité, sinon tout à fait primitive, au moins très reculée.

Il est donc fort intéressant de savoir ce qu'ils pensaient de la peine et du droit de punir.

Or, le système que nous trouvons en vigueur dans leurs lois, et dans les petites coutumes écrites qu'ils nous ont laissées, est celui de la vengeance privée.

En réalité, sauf pour les crimes publics, qui mettent en péril l'existence même de la tribu, la collectivité n'intervient pas ; il n'y a pas de justice publique, il n'y a pas de justice de l'État.

C'est l'individu, lorsqu'il a souffert une injure, qui se jette sur son adversaire et qui se venge. Quand je dis l'individu, je me trompe ; car à cette époque l'individu isolé n'existe pas, ou ne compte pas. Tout individu fait partie d'un clan, qui est une sorte de famille agrandie, comme il y en a encore en Corse. Et lorsqu'un membre du clan a subi une offense, c'est tout le clan qui le poursuit et qui tire vengeance de lui ; de même que c'est le clan de l'offenseur qui vient à la rescousse.

En réalité, c'est la guerre de clan à clan ; la guerre incessante, perpétuelle, à l'intérieur, comme à l'extérieur.

La peine n'est pas une peine, c'est un fait de guerre ; elle n'a rien de flétrissant, ni de déshonorant, si ce n'est dans la mesure où il est humiliant d'être vaincu.

Puis, vous comprenez bien que cet état de trouble ne pouvait pas durer toujours. Lorsque les Barbares se frottèrent, ne fût-ce que de loin, à la grande civilisation romaine, ils eurent l'intuition des beautés et de la grandeur de l'ordre et de la paix, l'intuition d'un pouvoir organisateur qui mît un peu d'harmonie au sein de chaque tribu ; et l'on voulut empêcher ces guerres privées.

Voici alors comment on s'y prit. On fixa de petits tarifs d'amendes à payer pour chaque offense privée : tant pour un homme tué, tant pour un bras cassé, pour une oreille coupée, tant pour un esclave, tant pour un bœuf volé. Et ce prix devait être payé, non pas à la tribu, mais à la victime ou à son clan ; on proposait donc à la victime de renoncer à sa vengeance et de mettre bas les armes ; mais, en échange, on lui donnait le droit d'exiger un prix fixé d'avance que l'offenseur aurait à lui payer.

C'était un petit traité de paix que la loi essayait d'imposer aux deux adversaires ; aussi ces sortes d'amendes ne s'appelaient pas des peines, mais des compositions, c'est-à-dire le prix d'une transaction et d'un compromis.

C'est le système des peines privées. Jusque-là nous ne voyons apparaître aucune peine corporelle, mais des compositions pécuniaires, qui n'ont rien de pénal, ni de désho-

norant. On peut toujours commettre des délits à sa guise ;
on sait ce que l'on aura à payer ; tout pour chacun ! La
rançon est fixée d'avance. C'est l'âge d'or des criminels.
C'est le système de la loi salique.

Cependant déjà les peines publiques et les peines cor-
porelles, le plus souvent sauvages et terribles, commen-
cent à apparaître ; c'est lorsqu'il s'agit de ce que nous
appellerions aujourd'hui les crimes d'État, les crimes commis contre la sûreté publique, faits de trahison, ou sacri-
lèges contre les dieux protecteurs de la tribu.

L'idée d'une expiation commence à se faire jour ; car
ces peines publiques ont le caractère surtout d'un sacrifice.
Ce sont les dieux qui se vengent, comme, en matière de
crimes privés, l'offensé et son clan se vengeaient sur l'au-
teur de l'injure ou de l'offense.

Avec le christianisme toutes ces conceptions vont changer.

Il y a d'abord une idée que le monde Barbare ignorait
totalement et que le christianisme va s'approprier. Je dis
s'approprier, car ce n'est certes pas lui qui l'a inventée.
Elle nous vient de la philosophie antique et principalement
des stoïciens : c'est l'idée de responsabilité et de liberté
morale, et c'est l'idée corrélative du mal moral.

Tout le droit pénal des Romains était inspiré déjà de
cette conception.

Les faits de l'individu qui portent atteinte au droit d'un
autre, qui portent atteinte à sa vie ou à sa propriété, ne
sont pas seulement des atteintes à la vie sociale ; dans
l'idée des Romains, ils constituent un mal en soi, car ils
portent atteinte à la morale et au droit.

Voilà une première conception, très nettement accentuée
dans la philosophie antique.

D'autre part, celui qui commet ces attentats à l'ordre et

à la morale, était libre de ne pas les commettre ; il était libre au fond de lui. S'il les a commis, c'est qu'il les a voulus ; et la volonté est la résultante de la liberté.

Voilà donc la seconde conception développée par les stoïciens.

Il n'y avait plus qu'à en déduire les conséquences : celui qui commet le mal, étant libre, est responsable du mal qu'il a commis, en ce que l'ordre et la justice exigent de lui une compensation, une souffrance, qui soit en proportion du mal qu'il a voulu, et qui rétablira l'harmonie et la justice dans l'ordre des faits.

C'est une nouvelle face de l'idée d'expiation et de l'idée de vengeance : c'est la vengeance publique, ou comme nous disons aujourd'hui, la vindicte publique, se substituant à la vengeance privée.

Mais cette fois, c'est bien l'idée de peine qui apparaît ; car c'est la société, c'est l'Etat qui entre en scène. Et lorsque la société intervient, pour se saisir de l'individu et le frapper, il n'y a plus à parler de faits de guerre, et d'un duel à armes égales. La lutte n'est plus égale entre l'individu désarmé et terrassé et la collectivité qui l'a comme à sa merci. C'est bien cette fois la souffrance infligée en tant que souffrance, pour punir, pour faire expier et pour intimider.

Tels sont les trois anneaux de la chaîne : conception du mal moral, libre arbitre et responsabilité. Tout le droit pénal romain tenait dans ces trois termes, et le monde moderne n'a pas changé grand'chose à ces assises primitives.

Cependant, si le christianisme a accepté cette sorte de trilogie psychologique, il en a profondément transformé le sens et les caractères.

Et tout d'abord, il y a une idée dont nous sommes

redevables surtout au christianisme, quoique, au début, le christianisme ne s'en soit pas toujours rendu compte ; c'est cette idée profonde et vraie, qui est, et qui sera, la base de tous les progrès de l'avenir, que la justice sociale, et par suite la justice publique, ne réalisera jamais qu'une justice toute relative ; car la justice absolue n'est pas de ce monde et n'appartient qu'à Dieu : de telle sorte que la mission de la justice sociale sera beaucoup moins de rechercher cette justice absolue, fondée sur une mesure exacte de la responsabilité, tâche impossible, que d'assurer l ordre et la paix, au point de vue public, et d'assurer la régénération et le relèvement du coupable, au point de vue individuel.

Je dis que cette idée éminemment féconde et juste, le christianisme ne s'en est pas toujours rendu compte au début. Car le christianisme a surtout vu, quelquefois, dans le coupable celui qui avait offensé Dieu, et dans le juge celui qui punissait au nom de Dieu ; et alors il a pu, à cause de cela, et à certains moments de son histoire, exagérer l'idée de peine et aggraver l'intensité de la peine.

Mais, en même temps, le christianisme ne reconnaissait qu'à Dieu le droit de punir et ne reconnaissait qu'à Lui le droit et la possibilité de sonder les reins et les cœurs, donc de connaître et de mesurer la responsabilité.

Là où la philosophie stoïcienne armait l'État d'une justice qui n'en reconnaissait aucune autre au-dessus d'elle, et qui visait à l'absolu, le christianisme n'accordait à l'État, en fait de justice, qu'une mission temporaire et provisoire, qui n'ait d'autre but que le résultat à attendre de la peine, beaucoup plus que la réalisation d'une justice intégrale pour le coupable.

Le christianisme ne croit pas, et ne veut pas, que la vie de ce monde soit faite pour l'expiation intégrale. l'expiation sans miséricorde et sans espoir. S'il parle encore d'expiation, il veut l'expiation qui guérisse et qui relève ; non pas celle qui flétrit, mais celle qui réforme et qui, dans l'âme corrompue et dégradée, refait une âme nouvelle.

Comme vous le voyez, le christianisme, en rapportant tout à Dieu, venait de léguer au monde une arme à deux tranchants. Une arme d'abord, qui pouvait faire de la peine, pour les maladroits qui ne sauraient pas s'en servir, quelque chose de brutal et d'atroce, parce qu'ils se croiraient investis d'une mission divine. C'est un peu ce qui se passa dans notre ancien droit et au moyen-âge. Cette première phase touche à sa fin.

Puis à l'inverse, c'était une arme qui pouvait faire de la peine, au contraire, un instrument de relèvement et de régénération, ce que certains canonistes ont appelé un remède de l'âme : c'est la phase de l'avenir, celle dans laquelle nous allons entrer.

Mais cette phase n'est devenue possible que parce que nous n'attribuons plus à une juridiction quelconque un rôle de justice absolue à réaliser, mais un rôle de discipline sociale à créer, ce qui est bien différent.

Et cette distinction fondamentale entre le relatif et l'absolu, c'est au fond au christianisme que nous en sommes redevables.

En même temps que ce principe qui venait atténuer, dans sa rigueur primitive, la conception d'une justice d'État, le christianisme affirmait et consolidait, si je puis dire, l'idée de liberté morale et de responsabilité.

Il considérait que l'État n'avait le droit de punir que celui qui avait été libre et qui, par suite, était responsable.

Sans responsabilité pas de peine justifiée ; mais alors, s'il y a responsabilité, toute peine doit être une expiation, c'est-à-dire une souffrance qui vise, non pas purement et simplement à la défense matérielle de la société ou à la vengeance brutale d'une offense, mais qui vise à un résultat psychologique de la part de celui qui la subit. Expier, au point de vue religieux, ce n'est pas subir une vengeance barbare qui réalise une nouvelle forme de la peine du talion ; expier, c'est s'associer, dans son âme et conscience, à l'œuvre de justice que la peine a pour but de réaliser ; c'est reconnaître et avouer sa faute morale, pour la réparer et se relever ; c'est se dire un coupable, pour devenir un régénéré et un réconcilié ; c'est savoir que l'on a agi en malhonnête homme pour avoir le courage et la volonté d'être et de redevenir un honnête homme. L'expiation, ce n'est pas autre chose que l'effet psychologique et régénérateur de la peine. Mais elle suppose forcément, et la liberté et la responsabilité.

Tel est donc l'appoint du christianisme dans la construction théorique de notre philosophie pénale : limiter les droits et le rôle de la justice sociale, épurer l'idée d'expiation, fortifier l'idée de responsabilité.

Et maintenant que nous avons vu le passé, voyons le présent. Après les théories pénales qui ont eu cours dans l'histoire, voyons les théories modernes.

Tout d'abord, nous trouvons, au début du droit moderne, un système connu sous le nom de système classique et qui se caractérise par ces deux idées, celle d'une responsabilité purement matérielle, et celle d'une responsabilité purement légale. C'est le système de notre Code pénal.

Notre Codé pénal, comme toutes nos lois du début de ce siècle, a surtout une peur infinie du juge, et de ce qu'on était convenu d'appeler l'arbitraire du juge.

D'abord, par défiance du juge, on attribue à la loi, et à

la loi seule, toutes les missions et tous les rôles, même
ceux qu'elle est le plus incapable de remplir.

C'est la loi qui, pour chaque crime, va fixer la peine,
une peine qui variera le moins possible : cette peine est
fixée, non pas d'après ce que l'agent aura été dans son for
intérieur, non pas d'après ce qu'il aura été par son éducation, par son milieu et par son hérédité, mais cette peine
est fixée uniquement d'après la matérialité du fait : pour
tel crime, tant d'années de bagne ou de prison.

Tous les individus sont égaux devant le crime et devant
la peine. C'est le régime stupide et archaïque de la loi
salique. Pour tel fait, tant de mois de prison, comme on
disait chez les Francs : pour un meurtre, tant de sous d'or à
payer. Il y a cette différence que les sous d'or payés par le
meurtrier, chez les Francs et les Burgondes, ne le corrom-
paient pas plus qu'il n'était déjà, tandis que nos mois de
prison vont perdre un peu plus celui qui les subira.

Comment ? tous les individus égaux devant la peine ?
Connaissez-vous mensonge plus cruel, injustice plus
criante ?

Mais la vérité est qu'il n'y a pas deux criminels qui se
ressemblent ; il n'y en a pas deux dont la responsabilité
soit identique, même lorsque le crime matériel est identique. Est-ce donc la responsabilité matérielle qui compte ?
Est-ce donc la gravité matérielle du crime qui dénote le
degré de criminalité ? Vous savez bien que non ; la responsabilité matérielle dénote la peur que nous avons du
crime, et avec raison du reste, et cela parce qu'il est plus
ou moins grave et dangereux pour nous. Mais que prouve-
t-elle au point de vue de la responsabilité individuelle ? Au
point de vue du degré de liberté morale, ou du degré de
corruption, de celui qui l'a commis ? elle ne prouve rien.

La responsabilité est affaire purement psychologique.

Elle se cache dans les profondeurs mystérieuses et insondables de la conscience, de l'hérédité et de la nervosité.

Qu'est-ce que prouve le fait réalisé ? Qu'il y a un coupable ? Oui. Mais à quel degré est-il coupable ? Voilà ce que la loi ne peut pas savoir ; car, ce coupable, elle l'ignore.

Et cependant, ce coupable qu'elle ignore, la loi, par avance, le frappe, elle le frappe sans le connaître. Elle ne permet même pas au juge, qui, lui, l'a sous les yeux, et qui peut le connaître, de mesurer la peine à ce qu'est l'individu ; la loi, je ne dis pas notre Code pénal actuel, mais le Code pénal de 1810, avait du juge une telle défiance, qu'elle lui mettait devant les yeux, à triple tour, ce fameux bandeau dont on fait l'attribut stupide de la justice.

Devant le coupable qui passait devant lui, la loi disait au juge : « Ferme les yeux ! Fais comme la justice ; mets ton bandeau. » Et le juge fermait les yeux ; il frappait tout le monde, en aveugle qu'il était, de peines égales, également injustes, corruptrices et néfastes.

Voilà le système classique. C'est le triomphe de la loi et l'anéantissement du juge. On l'a caractérisé d'un mot en disant que la loi ne connaît que des crimes et pas de criminels. N'est-ce pas le contraire de l'idée même que nous nous faisons de la justice et de la responsabilité, laquelle ne doit connaître le crime que pour mieux connaître et mieux juger le criminel.

Aussi, depuis près d'un demi-siècle, ce système classique s'est profondément modifié. Il s'est fondé une Ecole, que l'on peut appeler néo-classique, et qui est surtout l'Ecole de la Responsabilité.

Puisque le Code pénal n'avait vu que la responsabilité matérielle du crime, elle a voulu en voir surtout la responsabilité morale. Elle a la prétention de mesurer la peine au degré de liberté et de responsabilité de l'individu ;

et c'est cette École nouvelle qui a fait introduire dans nos lois les circonstances atténuantes qui permettent au juge de faire varier la peine d'après la responsabilité morale de l'agent. La peine n'a plus cette rigidité mathématique et cette fixité relative qu'elle avait dans le Code de 1810. Elle va pouvoir descendre de plusieurs degrés dans l'échelle pénale, suivant la responsabilité du coupable.

Cela paraît être l'idéal. Oui, l'idéal, en apparence et en théorie.

En pratique et dans la réalité, la justice pénale est acculée à une impasse. Comment donc, en effet, mesurer et taxer la responsabilité, si l'on abandonne le côté matériel du crime, pour ne voir que le côté moral chez l'agent ?

Celui qui, dès lors, doit avoir le dernier mot dans le procès pénal, ce sera le médecin, n'en doutez pas. Car être responsable, c'est être libre ; et être libre, c'est, avant tout, être maître de ses nerfs, de son sang et de son être physique. Qui en sera juge ? Le médecin.

Mais ne voyez-vous pas une chose ? C'est qu'à vouloir mesurer la responsabilité par l'état de névrose et de nervosité, il n'y a plus de responsabilité pour personne.

J'irai même plus loin. Il y a déjà quelques années que j'ai cru pouvoir soutenir (1) ce paradoxe apparent, que, à ce point de vue, et à considérer la responsabilité d'après le degré de normalité physiologique, plus le criminel est endurci, invétéré et redoutable, moins il sera responsable.

N'est-il pas évident que pour être responsable, et pour pouvoir résister au mal, il faut d'abord avoir la notion du mal, le sentiment de l'injustice, et l'intuition qu'il y aurait une obligation morale à ne pas frapper et à ne pas voler ?

____

(1) Dans un cours fait en 1898 au Collège libre des sciences sociales.

Ce sens du mal et du devoir moral, savez-vous chez qui il existe ? Chez celui qui en est à son premier délit, et qui, avant de franchir le premier pas, a honte et hésite. Voilà le véritable responsable ; celui que, d'après les théories nouvelles sur la responsabilité, il faudrait frapper de toute la rigueur d'un système qui veut s'en prendre à la liberté morale ; car, vraiment, celui-là a été libre.

Mais le criminel de métier, le récidiviste et le corrompu, comment l'idée même d'une obligation morale, et par suite d'une hésitation, lui viendrait-elle encore ? De responsabilité vraie au moment du crime, il n'en a plus. Il faudrait donc l'absoudre ! Voilà la logique absurde, comme toute logique juridique du reste, de toute cette théorie, qui prétend mesurer et taxer la responsabilité !

Pour le criminel endurci, la responsabilité réelle, entendue d'une liberté qui a conscience de la portée morale de ses actes, elle est dans le passé, bien loin, sans doute ; elle est dans le premier acte qui a servi de degré dans l'échelle du vice et du crime. Depuis, la pente a été fatale. Mais allez donc remonter à ce premier pas fait en pleine responsabilité, en mesurer l'étendue et en fixer la répercussion sur tel ou tel crime commis dix, vingt ans après ! Ce sont là choses impossibles : chimères et utopies !

L'École de la responsabilité aboutit fatalement, ou bien à l'arbitraire du juge, ou bien à la suppression de la peine. Et c'est elle qui conduit nos jurys à ces verdicts qui étonnent, à ces hauts et ces bas qui nous scandalisent : des acquittements sans cause, qui ne sont que des surprises de la sensibilité ; et parfois des sévérités, qui ne sont que l'effet d'une réaction qui se venge !

Tout cela n'est pas de la justice. Aussi, cette Ecole n'a pas pu ne pas susciter une opposition, et une opposition qui a été, comme toutes les oppositions, tout à fait à l'extrême.

Et j'arrive ainsi à l'Ecole qui s'est fondée en Italie, sous l'influence des positivistes et des anthropologistes, et dont l'initiateur et le chef a été le professeur Lombroso, un médecin, mais dont le principal représentant est aujourd'hui M. le député Enrico Ferri, que nous avons entendu l'année dernière au Collège libre des sciences sociales.

Cette école, à cause de son origine, est connue sous le nom d'Ecole italienne.

Elle prend pour point de départ une thèse philosophique assez radicale, et plus décourageante encore : elle commence par nier et la liberté et la responsabilité.

Et alors, si le criminel n'est pas puni parce qu'il est responsable, elle le punit parce qu'il est dangereux. C'est un système de défense sociale. Mais voici surtout le point important du système. Si le crime n'est plus un produit de la liberté, il est forcément une résultante de la physiologie de l'individu, de son tempérament et de son hérédité.

Aussi, vous en voyez les conséquences. C'est que, le crime étant une production physiologique, dérivant du tempérament, le tempérament peut bien s'atténuer sans doute, mais on n'arrive jamais à le changer complètement. Les effets de l'hérédité peuvent se combattre parfois, ils ne disparaissent pas. La criminalité est quelque chose de fatal, comme la tuberculose ou toute autre maladie.

Chimères donc que nos rêves humanitaires de régénération et d'amendement des criminels ! Le criminel est né criminel ; et il restera criminel jusqu'à son dernier jour. Il est criminel-né.

Lombroso a même cru découvrir dans l'anthropologie le type physique de ce qu'il a appelé le criminel-né ; non seulement du criminel en général, mais de chaque variété de criminels. Il y aurait le type du voleur, de l'assassin, du dissolu, et autres catégories de ce genre. Tout cela se reconnaîtrait au crâne, aux lèvres, à la mâchoire et aux oreilles.

Et alors voyez où la logique, toujours la logique, avec sa rigueur implacable, devait conduire les théoriciens du système !

C'est que, si le criminel est marqué d'avance, comme un être dangereux, comme une reproduction, dans nos races civilisées, du sauvage primitif d'où nous sortons, et si d'autre part ce criminel, ainsi marqué du signe héréditaire, est voué au crime fatalement et que la société doive, un jour ou l'autre, tomber sous ses coups, pourquoi donc attendre que le mal soit commis et devenu irréparable ?

Ce mal, il faut le prévenir. Ce criminel-né, il faut le saisir ; il faut enfermer cet homme, comme on enferme un fou, dès qu'il devient dangereux, et l'enfermer pour toujours, puisqu'il est inguérissable.

Donc, plus de garantie pour la liberté, puisque le diagnostic d'un médecin anthropologiste pourrait suffire, peut-être même avant tout crime commis, à faire mettre les gens en observation : et plus de grâce ni de rémission à attendre, puisque, le crime commis, c'est la criminalité qui se révèle, la folie qui éclate, et qu'il n'y a plus rien à espérer, ni guérison, ni atténuation. C'est la prison à perpétuité.

On croit généralement qu'une école qui nie la responsabilité va se montrer clémente et miséricordieuse ; comme on se montre clément et miséricordieux pour un malade. Et au lieu de cela nous nous trouvons en présence d'un système atroce et cruel, qui arme la société de moyens de défense terribles, qui veut éliminer tous les suspects, comme elle prétend écraser tous les faibles.

Il paraît que c'est là où se propose de nous conduire le matérialisme. On s'en doutait bien un peu. Mais il n'était pas mauvais que le matérialisme ait le courage de le dire et d'avouer franchement à quoi il entendait arriver.

Cela veut-il dire que tout soit mauvais dans cette Ecole de défense sociale ? Tant s'en faut, selon moi.

Ce qui est, chez elle, décourageant et dégradant pour l'homme, c'est sa négation radicale et formelle de la liberté humaine et de la responsabilité. Ce qui est dangereux, au point de vue social et politique, c'est l'arbitraire dont elle nous menace et les peines perpétuelles qui sont logiquement au bout du système.

Mais l'idée que la société, lorsqu'elle punit, doit chercher, non pas à se venger, non pas à faire expier un crime dont la responsabilité nous échappe, mais à se préserver, et à se garantir, est une idée féconde, dont, pour tirer parti, il suffira que nous l'associions et que nous l'adaptions à l'idée de responsabilité, nous qui croyons encore à la responsabilité.

Et j'arrive maintenant à la conclusion de tout ce long exposé : conclusion pour laquelle je vous demande encore quelque peu de votre attention. Car c'est tout un système nouveau, un système de conciliation, à la fois de sécurité, de défense et d'humanité, dont j'ai à vous exposer les grandes lignes.

Et, tout d'abord, constatons que si l'on veut conserver encore un droit pénal, c'est-à-dire un droit de punir, il faut admettre, comme postulat, la croyance à la liberté morale et à la responsabilité ; l'idée que l'homme trouve en lui-même la cause de ses actes volontaires et qu'il peut agir sur lui, de façon à devenir un agent du bien ou un agent du mal. Si nous n'avons pas cette conviction, le droit pénal pourra bien être un moyen d'élimination des

plus forts qui, sous le nom de société, proscriront les plus
faibles, lorsque ceux-ci seront en état de lutte ou de révolte
contre les autres. Mais ce sera là un fait de guerre sociale,
et non plus un état de droit. Ou bien encore, le droit pénal
pourra devenir une sorte de thérapeutique psychologique.
Nos prisons se transformeront en hôpitaux pour névrosés.
Il n'y a plus rien là qui touche au droit et aux questions
de justice.

Si nous voulons conserver l'idée d'un droit et d'une justice individuelle, il nous faut croire à la liberté et à la
responsabilité. Et il faut surtout que nous croyions à la
responsabilité, si nous voulons croire à la dignité de
l'homme et à l'espoir de son relèvement moral.

Sans doute, c'est la responsabilité qui crée la déchéance
et la culpabilité ; mais c'est elle aussi qui rend possible la
réhabilitation et la régénération. L'homme, qui ne se sent
pas responsable du mal qu'il a commis, ne sent pas en lui
la liberté de revenir au bien. Et c'est parce que la responsabilité donne la sensation d'une faute à expier, qu'elle
montre un autre but à atteindre, qui est de recouvrer la
dignité perdue et d'effacer jusqu'au souvenir de la tache
subie.

Il faut se sentir coupable, pour être capable de se relever
dans sa dignité d'homme. Il faut s'être senti libre pour le
mal, pour se sentir libre pour le bien et puiser dans sa
responsabilité la force et le vouloir d'une conquête à entre-
prendre, la conquête de la conscience sur la fatalité du
vice.

Seulement, l'erreur de toutes les écoles pénales fondées
sur l'idée de responsabilité a été de croire que l'on pouvait mesurer et taxer la responsabilité morale, que l'on
pouvait se rendre compte du degré de liberté morale de
l'individu. Or, c'est là une psychologie qui échappe à nos

investigations ; ni le juge, ni le médecin, pas même le philosophe, n'ont capacité pour doser la force de résistance morale d'une âme humaine.

Il faut croire à la liberté et croire à la responsabilité. Il ne faut pas avoir la prétention de mesurer la peine à la responsabilité physiologique de l'agent : elle nous échappe.

Nous ne connaissons que la responsabilité matérielle fondée sur la gravité du crime pris en lui-même. Il importe, ne serait-ce que pour l'exemple et pour la satisfaction de la conscience publique, que la peine, dans son quantum et dans sa durée, reste proportionnelle à la gravité matérielle du fait.

Mais, j'ai dit la peine dans son quantum et dans sa durée ; je n'ai pas dit la peine, pour ce qui est de sa nature et de ses procédés d'application.

Et c'est ici qu'après avoir donné satisfaction à l'idée de responsabilité qui subsiste, nous allons donner satisfaction à l'idée de défense sociale, qui, en effet, prime tout.

Seulement, la défense sociale, dans une théorie qui croit à la responsabilité et qui, par suite, croit à l'amendement possible du coupable, cette défense sociale consistera, non plus à supprimer le criminel et à l'éliminer, mais à le réformer, à l'amender, à le réadapter à la vie sociale ; et pour cela il faut le connaître dans son tempérament, dans son individualité, dans ses ressources physiques et morales. Et c'est d'après ce qu'il est et ce qu'il doit être, que la peine, dans son mode d'application, doit lui être adaptée. La peine doit être adaptée à ce qu'est l'individu, et non à ce qu'a été le crime. La peine doit être un instrument de réforme pour celui qui la subit, et non instrument d'expiation. Ou plutôt l'idée d'expiation n'a de valeur qu'autant qu'elle signifie, non plus la vengeance d'un pouvoir qui sévit, mais le point d'appui moral de la conscience régénérée, qui sent sa faute et qui veut se relever.

Cette école a donc pris le nom d'Ecole de l'individualisation pénale, parce qu'elle veut individualiser la peine, suivant la nature de l'agent.

Et les criminalistes de cette école ont proposé de diviser les délinquants en trois groupes principaux.

Il y aurait, d'abord, les délinquants d'occasion, pour lesquels le délit a été une surprise accidentelle, et qui ne sont pas des criminels de nature. Il faut leur appliquer des peines d'avertissement, qui les fassent rentrer en eux-mêmes, mais qui ne les flétrissent pas et ne les mettent pas au ban de la société. C'est pour eux surtout qu'a été faite l'admirable loi de sursis qui honorera le nom de M. Bérenger.

Puis, il y a les délinquants d'habitude, qui sont les individus à tempérament criminel, mais susceptibles de régénération et de reclassement. Il leur faut des peines, fortes et dures, sans doute, mais aboutissant à une réadaptation progressive à la vie sociale.

Et enfin, il reste les incorrigibles, récidivistes de plusieurs récidives, perdus sans ressources, et que la société a le droit et le devoir d'éloigner d'elle, puisqu'ils sont incapables de vivre en société : c'est pour eux qu'avait été faite notre loi sur la relégation.

Vous pensez bien que ce sont les peines de la seconde catégorie les plus difficiles à organiser.

Eh bien, laissez-moi, en terminant, vous montrer comment on a essayé de les organiser en Amérique.

Il s'est rencontré, à New-York, un ancien directeur de prison, un homme profondément religieux, protestant sincère, M. Brockway, qui, découragé, désespéré du peu de résultat obtenu par l'administration dans ses maisons

pénitentiaires, s'est trouvé dans l'état d'esprit d'un médecin qui, après avoir passé sa vie à chercher en vain le
remède d'une maladie infectieuse, prendrait son art et sa
science en défiance, jetterait par dessus bord tous ses sys-
tèmes, et tenterait une voie nouvelle, juste à l'opposé de
ce qu'il aurait appris dans ses livres et pratiqué dans ses
cliniques officielles.

Il lui a semblé que, ce qu'il y avait d'irrationnel dans
notre système classique, dans un système surtout qui
prétend emprisonner les gens pour les amender, c'était
de dire par avance au condamné combien de temps il
resterait le pensionnaire de l'administration pénitentiaire ; et que, ce qu'il y avait de néfaste surtout, c'était,
pour le juge, de condamner les gens à quelques semaines
ou à quelques mois de prison. Quelques semaines de régime pénitentiaire, cela suffit à aigrir et à corrompre ;
cela ne suffit pas à guérir. Les gens qui ne méritent que
quelques semaines de prison, on les gracie ; c'est pour
eux que la loi Bérenger a été faite. C'est comme si un
médecin, en présence d'une affection grave qui débute,
s'engageait à la traiter pendant huit jours, pour laisser
après cela le malade se tirer d'affaire tout seul.

Le juge, qui ne connaît de l'agent que ce qu'il a pu en
voir à l'instruction et à l'audience, est incapable de savoir,
par avance, quelle sera la durée de régime pénitentiaire
qui se trouvera nécessaire pour lui refaire des habitudes
nouvelles et une âme nouvelle. Il n'y a qu'une personne
qui puisse avoir quelques données sûres, à ce point de
vue, et qui puisse se rendre compte des effets psycho-
logiques de la peine ; c'est le directeur du pénitencier.

Et alors M. Brockway a fondé un établissement qu'il
n'appelle plus un pénitencier, mais une maison de réforme ; et il a obtenu des juges de New-York, et de la

législation de l'État, que ces juges, lorsqu'il s'agit de délinquants encore jeunes et susceptibles d'éducation, choisissent entre deux genres de peine : la prison d'Etat ordinaire, avec durée fixe, comme chez nous, fixée à tant de mois ou d'années, sans un jour de plus ; puis, pour les amendables, la maison de réforme de M. Brockway, qui s'appelle le Reformatory d'Elmira, où les individus ne sont plus enfermés pour une durée préfixe, mais pour un temps indéterminé, sauf un maximum pour éviter les abus. Et alors la libération reste à l'appréciation du directeur, qui est juge de la réforme morale de ceux qu'on lui confie.

Mais vous pensez bien que cette prison n'est pas une prison ordinaire, où l'on vit entre quatre murs sous le poids d'une flétrissure que tout vous rappelle.

C'est un établissement de plein air, où vivent, côte à côte, tous les métiers, afin que chacun puisse y apprendre un travail utile ; où l'on cherche à relever la dignité de l'individu, par une tenue qui ne le dégrade pas ; par des exercices religieux qui fassent appel à la conscience ; par des exercices militaires, comme dans une caserne ; par des exercices corporels, comme dans un gymnase ; et par des exercices intellectuels, et même littéraires, comme dans un collège. Après quoi, on lui donne une liberté limitée et partielle, sur parole, pour l'habituer à revivre de la vie honnête, en dépit du milieu et des tentations ; et, lorsque l'expérience est faite et l'épreuve suffisante, on le déclare libre. L'expiation est complète, le passé oublié ; et la société n'a plus pour le libéré ce mépris et cette dureté qu'elle montre, chez nous, pour ceux qui sortent de prison. La société sait qu'elle doit coopérer à l'œuvre de M. Brockway ; et elle est la première à l'y aider.

Elle le sait, parce qu'elle a conscience qu'elle le doit.

Elle a conscience que la plupart des victimes du vice sont surtout les victimes de leur milieu social, de leur mauvaise éducation, et quelquefois aussi la rançon de notre civilisation et la rançon du luxe des honnêtes gens.

Je ne veux pas dire que ces procédés nouveaux devraient remplacer, coup sur coup, et d'emblée, tout notre vieil arsenal pénitentiaire, rouillé et usé. Il y aurait à cela des inconvénients graves.

Je veux dire seulement qu'il y a là, peut-être, une expérience partielle à tenter, au moins pour certaines classes de délinquants dont l'éducation n'a pas été faite, et à qui la société doit, une correction sans doute, mais une éducation surtout.

En tout cas, c'est dans cette voie, et dans cet esprit, que les réformes devront s'orienter.

Nous avons une école classique qui, si elle était logique, tendrait à désarmer la société devant l'armée du vice, du vol et de l'assassinat. Nous n'en voulons plus.

On nous menace, par contre, d'une école matérialiste, qui se ferait un jeu de notre liberté, qui heurterait, et notre dignité d'homme et nos consciences individuelles, et pratiquerait l'élimination de tous les suspects. Dieu nous garde d'un pareil régime !

C'est entre les deux que nous devons nous orienter : défendre la société, et la défendre sévèrement, sans dureté, et en dehors de toute fausse sensibilité ; mais la défendre surtout par la régénération de ceux qui l'attaquent.

Reclasser ceux qui sont des déclassés ; donner un esprit social à ceux qui sont des anti-sociaux ; inspirer le respect des autres à ceux qui n'ont que le respect de leurs vices et de leurs passions ; créer une conscience à ceux qui n'en ont pas. Voilà la tâche du droit pénal de l'avenir.

Ces questions sont assez graves pour que vous les connaissiez, vous, comme nous les connaissons nous-mêmes, et que vous y réfléchissiez. J'ai voulu vous y faire réfléchir.

R. SALEILLES,

Imp. J. Thevenot, Saint-Dizier (Hte-Marne)

Imp. J. Thevenot, Saint-Dizier (Haute-Marne)

9 782019 630850